Simone Wunschel

Kunterbunt, eckig, rund

Steine bemalen für Kids

Über 70 Motive und viele lustige Spielideen

EMF

EIN BUCH DER
EDITION MICHAEL FISCHER

Summende und flatternde Gartendeko, S.25

Inhalt

Steinharter Trash-Robo, S.43

Bunte Stein-Puzzles, S.17

Fantasievolle Steingeschichten, S.59

Rasantes Zugspiel, S.13

Dinotastisches Legespiel, S.49

Monsterstarke Musikinstrumente, S.21

Einzigartiges Familien-Portrait, S.51

Freche Früchtebande, S.37

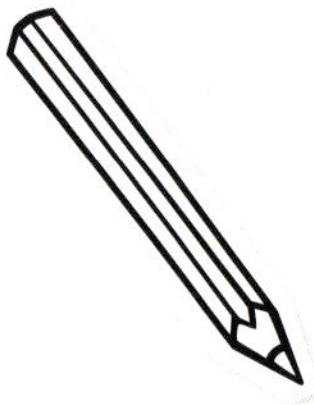

Über die Autorin

Ich bin Simone, Upcycling-Bastlerin, Kindergeburtstags-Liebhaberin und Produkterfinderin.

Keine Verpackung, Milchtüte oder Klorolle ist vor mir sicher, denn ich liebe es, aus Wegwerfgegenständen tolle Liebhabstücke zu kreieren, für und mit Kindern. Denn Kinder sind die tollsten Erfinder und Ideengeber, wenn man ihnen den Raum dafür gibt. Beim Basteln mit Müll können sich kleine Künstler nicht nur kreativ austoben. Sie erleben dabei gleichzeitig, dass Dinge einen Wert haben und es richtig viel Spaß machen kann, achtsam mit Ressourcen umzugehen. Upcycling rocks!

Auf meinem Blog **www.heimatdinge.de** dreht sich alles um das Thema Upcycling-Bastelspaß und Kinderparty-Ideen. Dort zeige ich dir, wie du dich mit Müll glücklich basteln und eine Kinderparty zu einem unvergesslichen Erlebnis machen kannst.

(St)einzigartiger Kreativspaß

Steine sind wahre Tausendsassas: Ob groß oder klein, rund oder eckig, dick oder dünn – Steine zu sammeln und damit zu basteln macht einen Riesenspaß. Du kannst sie bemalen, bekleben, Spiele damit kreieren oder Lieblingsmenschen damit überraschen.

Bastle dir die Welt, wie sie dir gefällt

Meine kunterbunten Ideen und Materialvorschläge sollen dir lediglich als Inspiration für deine eigenen (st)einzigartigen Bastelprojekte dienen. Wähle Material und Farben aus, die dir gefallen und tobe dich dabei so richtig aus. Denn du bist der Kreativ-Chef und entscheidest ganz alleine, wie dein Werk später aussehen soll.

Kleine Missgeschicke passieren

Du hast dich vermalt oder verschnitten? Es kommt immer wieder vor, dass beim Basteln etwas schief geht. Das passiert mir auch noch regelmäßig. Sollte mal etwas nicht so klappen, wie du es dir vorgestellt hast, dann überlege, wie du dein Liebhabstück noch retten kannst. Oft entstehen aus solchen Missgeschicken die tollsten Werke!

Viel Spaß beim Basteln

Deine Simone

Tipps und Materialien

Wo findest du Steine?

Steine purzeln dir eigentlich fast überall vor die Füße: im Wald, am See, am Fluss, am Meer, im Park – du musst nur wachsam durch die Natur spazieren.

Vorbereitung der Steine

Reinige deine gesammelten Schätze vor dem Bearbeiten gut mit Wasser und trockne sie, bevor du mit dem Bemalen beginnst, denn dann haftet die Farbe besser.

Wie kannst du Steine wetterfest machen?

Um die Farbe wetterfest zu machen und vorm Verblassen zu schützen, kannst du sie mit Lack versiegeln. Ich verwende hierfür immer Serviettenkleber. Der transparente Deko-Kleber ist Lack und Leim in einem. Er ist wasserfest, geruchsarm und vielseitig einsetzbar. Du kannst ihn mit dem Pinsel gut auftragen. Aber Achtung: Aus der Kleidung lässt er sich nicht auswaschen. Alternativ kannst du Steine auch mit einem Klarlack (Spray) versiegeln.

Steine und Müll – eine tolle Kombination

Hast du schon mal mit Steinen und Müll experimentiert? Ob Karton, Verpackungsmaterial, Deckel, Korken oder Getränkekartons – Alltagsmaterialien lassen sich gut mit Steinen kombinieren. So kreierst du im Nu einzigartige Liebhabstücke. Schau dich mal zu Hause um. Du wirst bestimmt eine Menge spannendes Material zum Basteln finden.

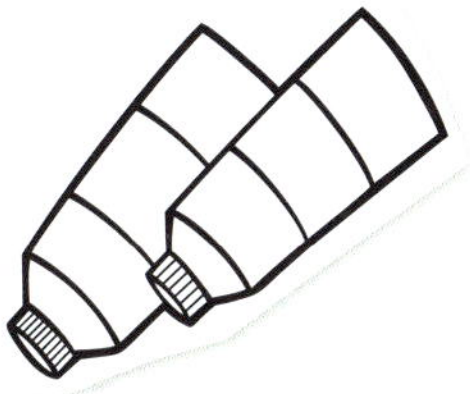

Was kannst du mit den bemalten Steinen machen?

Du kannst Steine verschenken, Spiele damit spielen, ein Blumenbeet umranden, den Balkon oder Garten verschönern, sie am Wegesrand oder im Park auslegen oder für eine Kinderparty verwenden.

Mit welchem Kleber lässt sich Material an Steinen befestigen?

Mit flüssigem Bastelkleber lassen sich Kleinteile wie Papier, Pappe oder Moosgummi am besten aufkleben. Heißkleber ist die richtige Wahl, wenn du Bastelelemente schnell befestigen willst.

Hilfe von den Großen

Der Einsatz von einigen Werkzeugen wie Heißkleber, Cutter oder Messer ist nicht ungefährlich. Lasse dir hier lieber von einem Erwachsenen helfen. Lege bei der Verwendung von Cutter und Messer immer eine Schneidematte unter und gehe mit solchen Werkzeugen vorsichtig um.

Farben und Motive

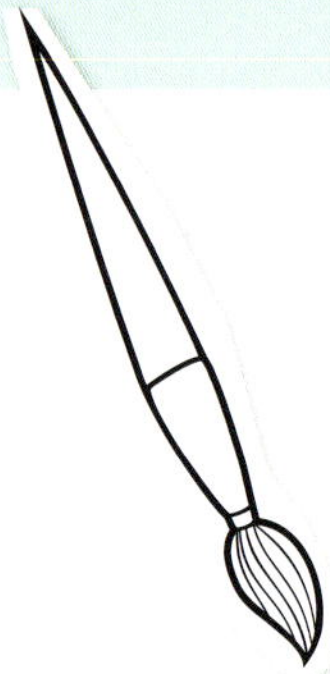

Welche Farben eignen sich für das Bemalen von Steinen?

Grundsätzlich eignen sich alle Farben zum Bemalen von Steinen. Es kommt bei der Wahl der richtigen Farbe vor allem darauf an, ob du deine Kunstwerke drinnen oder draußen verwenden möchtest.

Wasserfeste Farben

Für das Bemalen der Steine kannst du sowohl Acrylfarben als auch Plakatfarben verwenden. Die Farben sind wasserfest, lassen sich aber mit Wasser verdünnen und untereinander gut mischen. Du kannst sie mit dem Pinsel auftragen.

Wasserlösliche Farben

Fingerfarben sind dagegen wasserlöslich und lassen sich aus Kleidung gut auswaschen. Sie trocknen langsam, haben eine dickere Konsistenz und du kannst sie auch mit den Fingern auftragen. Sie lassen sich ebenfalls mit Wasser verdünnen und untereinander mischen.

Kleiner Tipp

Befestige die Steine beim Bemalen auf einem Stück Knete oder Klebeband. So verrutschen sie nicht.

Stifte

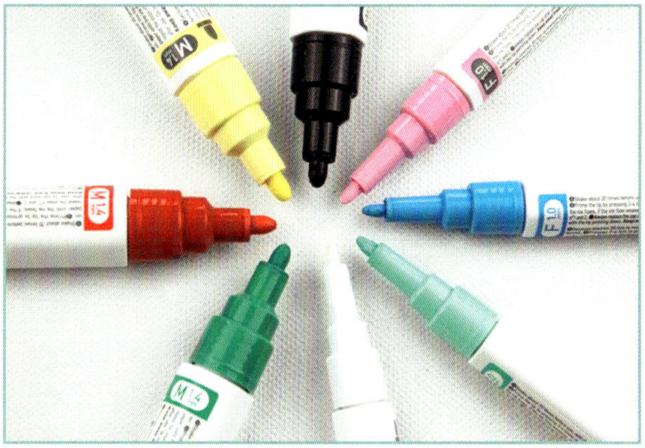

Für feinere und mittelstarke Linien eignen sich Acrylstifte sehr gut (0,7 mm/2,0 mm Strichstärke). Du kannst für das Bemalen auch Permanentmarker oder Filzstifte verwenden. Das Ergebnis ist allerdings nicht ganz so schön wie bei der Verwendung von Acrylstiften.

Womit kann ich Steine noch verschönern?

Mit ausgeschnittenen Bildern aus Comics und Zeitschriften oder Servietten kannst du Steinen auch ganz toll zu einem neuen Outfit verhelfen. Schneide passende Motive aus und klebe sie mit Serviettenkleber auf die Steine. Wer es einfach mag, sucht sich sein Lieblings-Tattoo aus und klebt es auf die Steine.

Welche Motive eignen sich zum Bemalen von Steinen?

Da es Steine in allen möglichen Formen und Größen gibt, kannst du deiner Fantasie bei der Motivauswahl freien Lauf lassen.

Ob Schnecke, Eule oder ein lustiges Schweinchen mit Partyhut – wie wäre es zum Beispiel mit dieser tierischen Bande?

EINLADUNG
LEA

Projekte

Kleiner Tipp

Du findest sicher noch viele andere Alltagsmaterialien, die du für das Basteln deiner Passagiere verwenden kannst.

Rasantes Zugspiel

Hast du Lust auf eine spannende Wettfahrt auf Schienen, bei der es rasant und spaßig zugeht? Dann schnapp dir einen Zug und los geht's. Wer es als Erstes schafft, seine Wagons mit Stein-Passagieren zu füllen, hat gewonnen.

Du brauchst

Grundmaterial Steine

- 12 Steine
- Acryl- oder Fingerfarben
- Acrylstifte oder Permanentmarker
- Pinsel
- Bastelkleber

Zugpassagiere

- Wolle und Mini-Pompons für Zöpfe und Haare
- Papier oder Moosgummi für Mützen und Hüte
- Feder
- Washi-Tape
- Verpackungsfolie

Züge

- Festen Karton
- Cutter bzw. Schere
- Schneideunterlage
- 26 Schraubdeckel
- Weißes Papier
- Stifte zum Verzieren
- Bastelkleber

Kleiner Tipp

Wer nicht schneiden will, malt den Zug einfach auf ein Stück großes Papier (A3).

SO GEHT'S:

1

3

2

4

1 Grundiere die Steine mit cremefarbener Acryl- oder Fingerfarbe.

2 Bei der Auswahl deiner Passagiere kannst du dich so richtig austoben. Ob Zirkusdirektor, Prinzessin oder Detektiv, aus Steinen lassen sich viele Lieblingshelden zaubern. Kreiere aus Wolle und Mini-Pompons lustige Frisuren und schneide aus Papier Mützen und Hüte aus. Einen Indianer kannst du mit Washi-Tape und einer Feder verzieren. Verpackungsfolie eignet sich toll als Bastelmaterial für eine Krone. Kleine Details kannst du mit Acrylstiften oder Permanentmarkern aufmalen.

3 Schneide mit einem Cutter zwei Lokomotiven und zehn Zugwaggons aus Karton aus. Lass dir dabei von einem Erwachsenen helfen, denn mit einem Cutter kannst du dich leicht verletzen. Verwende für das Vorzeichnen der Zugteile am besten eine aus Karton gefertigte Schablone. So lassen sich die restlichen Waggons ruckzuck aufmalen.

4 Klebe auf jeden Waggon ein Fenster und beschrifte diese mit den Ziffern 1 bis 6 (beginne bei der Lokomotive). Bringe nun mit Bastelkleber bemalte Schraubdeckel als Räder an. Alternativ kannst du die Räder auch aufmalen.

Volle Fahrt voraus!

Jetzt kann's losgehen. Jeder Mitspieler baut einen Zug mit einer Lokomotive und fünf Waggons vor sich auf. In der Mitte des Tisches werden zwölf Stein-Passagiere ausgelegt.

Und so geht's: Ziel des Spiels ist es, den eigenen Zug so schnell wie möglich mit Passagieren zu füllen. Es wird abwechselnd gewürfelt. Würfelt ein Spieler die Ziffer im Fenster eines Waggons, darf er das Zugabteil mit einem Passagier seiner Wahl besetzen. Ist das Zugabteil schon besetzt, muss der Spieler eine Runde aussetzen. Falls du mit weiteren Spielern spielen möchtest, kannst du noch zusätzliche Züge und Zugpassagieren basteln.

Spielende: Wer es schafft, seinen Zug als Erstes vollständig zu füllen, hat das Spiel gewonnen.

Kleiner Tipp

Verpackungsmaterialien wie Teeschachteln eignen sich prima als Aufbewahrung für Stein-Puzzle. Bemalt oder beklebt werden sie zu absoluten Hinguckern.

Lustig-bunte Stein-Puzzles

Steine sind wahre Multitalente. Sie eignen sich nicht nur zum Bemalen. Du kannst auch bunte Puzzles daraus basteln. Alles, was du dazu brauchst, sind Farben und Steine in unterschiedlichen Formen und Größen.

Du brauchst

Grundmaterial Steine

- Verschiedene Steine (je nach Motiv)
- Acryl- oder Fingerfarben
- Pinsel
- Acrylstifte
- Permanentmarker

Steingesichter

- Bastelkleber
- Wolle
- Bastelkarton
- Luftballon, Korken oder andere Materialien zum Verzieren

Legespiele

- Chenilledraht
- Evtl. zwei Kichererbsen
- Moosgummi
- Evtl. Heißkleber

SO GEHT'S:

1

2

Kleiner Tipp

Wähle glatte, ebene Steine für die Köpfe aus, um ein Verrutschen zu verhindern.

Lustige Steingesichter

Lachende Augen oder Grummelgesicht – vertausche die Steine und gestalte deine Gesichter, wie sie dir gefallen.

1 Grundiere drei große Steine mit cremefarbener Acryl- oder Fingerfarbe. Male nun mit einem Permanentmarker einen Mund und Bäckchen auf und erwecke deine Charaktere zum Leben, indem du Haare aus Wolle an den Steinen befestigst. Ein Hut lässt sich aus einer halben Korkenscheibe und Karton herstellen. Oder schnapp dir einen kaputten Luftballon und bastle eine Mütze daraus. Du findest bestimmt noch viele andere Materialien für die Gestaltung deiner Figuren.

2 Suche dir kleine Steine für Augen und Nase aus und bemale sie mit Acrylfarben oder -stiften. Variiere den Blick deiner Figuren, indem du die Pupille entweder in der Mitte des Steines oder am Steinrand platzierst. Jetzt kannst du Augen und Nase mixen und dabei ganz unterschiedliche Gesichtsausdrücke entdecken.

ABC-Steine

Mit dieser frechen Buchstaben-Bande kannst du das Alphabet mit Spaß erlernen und viele neue Wörter entdecken.

Grundiere 26 Steine mit bunten Farben und beschrifte die Steine mit Buchstaben. Feine Striche lassen sich mit Acrylstiften am besten auftragen. Male Augen auf und schon ist dein ABC-Puzzle fertig. Zum Legen von Wörtern kannst du noch weitere Steine bemalen und beschriften. An die Buchstaben, fertig, los!

DIY-Legespiele

Ob farbenfrohe Tiere oder pfeilschnelle Fahrzeuge – aus Steinen lassen sich ruckzuck kleine Legespiele zaubern.

Suche dir für die Puzzles passende Steine aus, bemale sie mit Acryl- oder Fingerfarbe und verziere sie mit Acrylstiften. Für die Schmetterlingsfühler kannst du Chenilledraht und zwei Kichererbsen verwenden. Das Fischmaul lässt sich aus Moosgummiresten zuschneiden.

Monsterstarke Musikinstrumente

Jetzt wird gerasselt und ordentlich Krawall gemacht. Mit diesen rhythmusstarken Instrumenten aus Stein kannst du jedes Lied munter im Takt begleiten.

Du brauchst

Grundmaterial Steine

- 5–8 kleine und 2 mittelgroße Steine
- Acrylfarben und -stifte
- Serviettenkleber oder Klarlack zum Versiegeln

Monster-Rassel

- 1 leere Plastikflasche mit Deckel
- Acrylstifte oder Permanentmarker

Klang-Monster

- 2 Holzspatel oder Eisstiele
- Washi-Tape
- Heißkleber oder Bastelkleber

SO GEHT'S:

1

2

Kleiner Tipp

Mehr Steine machen mehr Krawall. Wenn du es etwas leiser haben möchtest, fülle die Flaschenrassel mit weniger Steinen.

Lautstarker Monsterspaß

Was ist denn hier los? Die kleinen Monster feiern eine große Party. Hol dir eine Plastikflasche und ein paar Steine und feiere mit!

1 Grundiere kleine Steine mit Acrylfarben. Hauche den Steinen Leben ein, indem du mit Acrylstiften lustige Monstergesichter aufmalst. Versiegle die Monster mit Serviettenkleber oder Klarlack, damit sich die Farbe beim Krawallmachen nicht löst.

2 Verziere die Plastikflasche mit Acrylstiften oder Permanentmarkern und versiegle sie anschließend ebenfalls mit Serviettenkleber oder Klarlack. Nun kannst du die kleinen Monster in die Flasche füllen und schon geht die Party los.

1

2

Auf das Steinmonster mit Gebrüll

Wusstest du, dass du Steine zum Klingen bringen kannst? Wie sich das anhört, verraten dir diese beiden lustigen Monsterkerle, wenn du sie aufeinanderschlägst.

1 Verwandle zwei mittelgroße Steine in Monster, indem du sie mit Acrylfarbe bzw. -stiften bemalst und anschließend mit Serviettenkleber oder Klarlack versiegelst.

2 Beklebe zwei Holzspatel oder Eisstiele mit Washi-Tape und befestige die Steine mit Heißkleber oder Bastelkleber darauf. Alle Monster in Deckung, es kann los gehen!

Kleiner Tipp

Wer keine Holzspatel oder Eisstiele zur Hand hat, kann die Monsterbande auch an kleinen Stöcken befestigen.

Summende und flatternde Gartendeko

Im Frühling erwacht die Natur wieder. Es summt überall und die ersten Blumen strecken ihre Köpfe aus dem Boden. Diese Frühlingsboten verwandeln Balkon und Garten in einen bunten Lieblingsplatz.

Du brauchst

Grundmaterial Steine

- 2 mittelgroße und einen länglichen Stein
- Acrylfarben oder -stifte in bunten Farben
- Serviettenkleber oder Klarlack zum Versiegeln
- 3 Stöcke als Befestigung
- Heißkleber

Schmetterling

- 4 Kronkorken
- 2 kleine Stöckchen für die Fühler
- Verpackungsfolie (z. B. Alufolie von Süßigkeiten)

Biene

- 1 Chenilledraht in Braun

Blume

- Moosgummi in Orange und Pink

SO GEHT'S:

1

1

2

2

Kunterbunter Schmetterling

Pünktlich mit den ersten Sonnenstrahlen tanzen sie fröhlich herum: Schmetterlinge in unterschiedlichen Farben und Formen. Diesen bunten Flattermann kannst du ganz einfach nachbasteln.

1 Verziere einen länglichen Stein und vier Kronkorken mit Acrylstiften und male ein Gesicht auf. Für die Fühler formst du zwei kleine Kugeln aus Alufolienresten.

2 Klebe alle Elemente mit Heißkleber zusammen und fertig ist der Flattermann.

Fleißiges Bienchen

Sobald die ersten Blumen blühen, schwärmen auch die Bienen zum Nektarsammeln aus. So holst du dir dieses süße Bienchen auf den Balkon.

1 Grundiere einen Stein mit gelber Acrylfarbe und lass alles gut trocknen. Male mit Acrylstiften braune Streifen und ein Gesicht auf. Für die Flügel schneidest du zwei Stücke Chenilledraht (8 cm) zurecht und drehst die beiden Enden zusammen.

2 Befestige alle Elemente mit Heißkleber und schon kann dein fleißiges Bienchen losflattern.

1

2

Kleiner Tipp

Hole dir den Frühling in dein Zuhause und verziere eine Zimmer-pflanze mit einem Bienchen oder einem Schmetterling aus Steinen.

Fröhliche Blumenfreunde

Schon ab Februar läuten die ersten Frühblüher mit ihren bunten Farben den Frühling ein. Garten-blumen kommen und gehen. An diesen bunten Blumenfreunden kannst du dich dauerhaft er-freuen, denn sie verblühen nie. Bastle die Blumen ganz einfach in deinen Lieblingsfarben nach.

1 Bemale einen mittelgroßen Stein mit Acrylfarbe und verziere ihn mit Augen, Mund und Bäckchen. Verwende hierfür feine Acrylstifte. Anschließend schneidest du vier herzförmige Blütenblätter aus Moosgummi zurecht. Du kannst die Form der Blütenblätter auch variieren und viele unterschied-liche Blumen basteln. Verziere die Blütenblätter mit Punkten. Dafür kannst du ebenfalls Acrylstifte ver-wenden.

2 Fixiere die vier Moosgummiblätter mit Heißkleber auf der Stein-Rückseite und befestige den Stein am Stock. Fertig ist ein herrlich-bunter Blumen-freund, der niemals verblüht und sich super als Ge-schenk macht.

Abenteuerliche Schatzsuche

Ob wilde Piraten oder mutige Taucher, hier zeige ich dir gleich zwei ganz besondere Ideen für kleine Schatzsammler. Bist du bereit für eine lustige Schatzsuche? Dann lass uns loslegen.

Du brauchst

Grundmaterial Steine

- Steine in verschiedenen Größen
- Acrylfarben und -stifte
- Serviettenkleber oder Klarlack

Für die Spiele

- Sandkasten oder kleine Kiste mit Sand
- Planschbecken oder Getränkekarton/Plastikschale
- Evtl. verschiedene Materialien zum Verzieren

SO GEHT'S:

1

2

Kleiner Tipp

Du kannst auch kleine Steine mit Goldlack besprühen und als Gold-Nuggets im Sandkasten verstecken.

1 Grundiere für die Piratenbande und die Meerestiere kleine Steine mit cremefarbener und hellblauer Acrylfarbe. Lass die Farbe anschließend gut trocknen, bevor es ans Verzieren der Steine geht.

2 Für die Piraten malst du mit dünnen Acrylstiften gestreifte Piratenmützen und Gesichter mit Augenklappe auf. Wenn du magst, kannst du noch ein rotes Tuch aus Papier- oder Moosgummiresten befestigen. Die hellblauen Steine bemalst du mit Meerestieren deiner Wahl. Versiegle deine Werke nach dem Trocknen mit Serviettenkleber oder Klarlack.

Versteckte Piratenbande

Piratenjäger aufgepasst, es haben sich eine Menge hinterhältige Seeräuber im Sandkasten versteckt. Jetzt darf gebuddelt und gesucht werden. Findet so viele Schurken, wie ihr könnt.

Party-Tipp: Das Spiel eignet sich toll für eine Piratenparty. Nachdem die kleinen Stein-Schätze aus dem Sandkasten geborgen wurden, darf jeder Partygast einen gefundenen Stein gegen einen kleinen Schatz (kleines Geschenk) einlösen.

Verirrte Meerestiere

Hilfe, es haben sich einige Meeresbewohner im Ozean verirrt. Jetzt sind mutige Taucher gefragt. Rette die bemalten Meerestiere aus der schäumenden Flut und bringe sie in Sicherheit.

Party-Tipp: Dieses Spiel sorgt im Sommer auf einer Meereswelt-Party für eine kühle Erfrischung. Fülle ein kleines Planschbecken mit Wasser und gib die bemalten Meerestier-Steine mit anderem Badespielzeug hinein. Und schon darf ordentlich getaucht werden.

Langeweilemopser für unterwegs

Brettspiele spielen macht überall Spaß – auch unterwegs. Diese spannenden Spiele vertreiben die Langeweile im Nu. Und das Tolle daran ist: Du kannst sie ganz einfach verstauen.

Du brauchst

Grundmaterial Steine

- 10 Steine für die Spielfiguren
- Acrylfarben und -stifte

Spielfelder

- 6er-Eierkarton
- Cutter
- Festen Karton
- Pappreste
- Bastelkleber

SO GEHT'S:

1

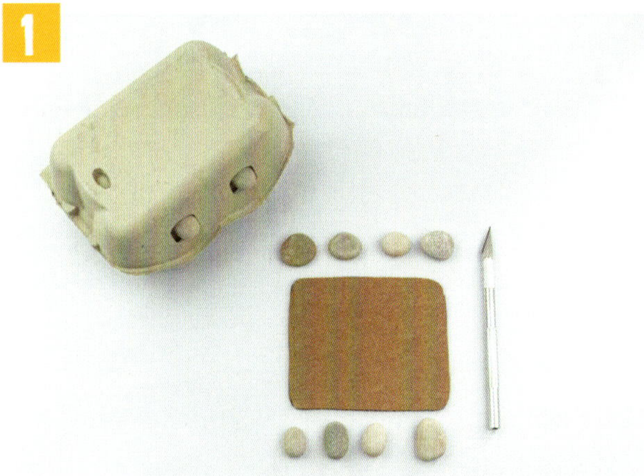

3

2

4

1 Schneide den Karton mit dem Cutter so zu, dass er in den Deckel eines Eierkartons (6er) passt. Lass dir hierbei von einem Erwachsenen helfen.

2 Zeichne die beiden Spielfelder (Afrikanisches Mühlespiel und Tic Tac Toe), wie abgebildet, jeweils auf eine Seite des ausgeschnittenen Pappkartons.

3 Verwandle jeweils fünf Spielsteine in mutige Löwen und kluge Affen, indem du sie mit Acrylstiften bemalst und verzierst.

4 Zum Schluss zauberst du aus dem Eierkarton einen Löwen als Aufbewahrung für die Spiele. Bemale ihn dafür mit Acrylfarben und klebe zwei Ohren aus Pappe an. Und schon kann der Spielspaß beginnen.

MTI, afrikanisches Mühlespiel für überall

Spielvorbereitung: Das afrikanische Brettspiel MTI ähnelt dem Mühlespiel. Gespielt wird auf einem einfacheren Spielfeld und jeder Spieler erhält nur drei Steine. Der jüngste Spieler darf beginnen.

Spielregeln: Jeder Spieler setzt nacheinander einen Stein auf einen Punkt. Wenn alle Steine gelegt sind, können die Spieler abwechselnd je einen ihrer Steine entlang der Linie um eine Position verschieben. Die Steine dürfen dabei nicht übersprungen werden.

Spielende: Wer es als Erstes schafft, seine eigenen drei Steine in eine Reihe zu bringen, hat gewonnen (auch diagonal).

Affenstarkes Tic-Tac-Toe

Spielvorbereitung: Lege das Spielfeld so in die Mitte, dass es für alle gut zu sehen ist. Jetzt schnappt sich jeder Spieler fünf Spielsteine mit dem gleichen Motiv und schon kann's losgehen.

Spielregeln: Die Spieler platzieren ihre Spielsteine abwechselnd auf dem Spielfeld und versuchen dabei, eine Reihe damit zu füllen.

Spielende: Das Spiel ist beendet, wenn ein Spieler mit seinen Spielsteinen eine Reihe bildet (waagrecht, senkrecht oder diagonal).

Kleiner Tipp

Versuche die Spielsteine so abzulegen, dass dein Gegenspieler kurz die Aufmerksamkeit verliert und du deine Reihe vollmachen kannst.

Freche Früchtebande

Bei diesem lustigen Spiel sind Glück und Geduld gefragt. Wer ergattert seine freche Früchtebande am schnellsten und kann sein Spielfeld mit kunterbuntem Obstsalat füllen?

Du brauchst

Grundmaterial Steine

- 12 mittelgroße Steine
- Acrylstifte

Spielfeld und Tasche

- Alte Jeans von einem Erwachsenen
- Acryl- oder Fingerfarbe für das Spielfeld
- Pinsel
- Schere (evtl. Zackenschere)
- Filz
- Bastelkleber

SO GEHT'S:

1

2

3

1 Bemale zwölf mittelgroße Steine mit verschiedenen Obstmotiven. Verwende dafür am besten Acrylstifte mit feiner Spitze und verziere die Obstbande anschließend noch mit lustigen Gesichtern.

2 Schneide aus einer alten Jeans zwei Spielfelder in Apfelform aus (ca. 17 x 13cm). Wenn du dafür eine Zackenschere verwendest, vermeidest du das Ausfransen des Stoffes. Male mit Acryl- oder Fingerfarben jeweils sechs Kreise in der Farbe deiner Obst-Steine auf einen Jeans-Apfel und klebe je einen Stiel aus Filz an die Äpfel.

3 Schneide eine Gesäßtasche aus der Jeans aus und verwende sie als Tasche für die Steine. Wenn du magst, kannst du sie dann auch noch mit Acrylfarben bemalen und verzieren.

Kunterbunter Obstsalat

Kleiner Tipp

Wenn du dir die Form der einzelnen Steine merkst, kannst du sie beim Ziehen vielleicht sogar ertasten.

Spielvorbereitung: Auf die Früchte, fertig los! Jeder Mitspieler bekommt ein Apfelspielfeld und legt es gut sichtbar vor sich hin. Die bemalten Obst-Steine werden in der Jeanstasche versteckt.

Spielregeln: Jetzt greifen die Spieler mit geschlossenen Augen abwechselnd in die Tasche und ziehen einen Obst-Stein. Ergattert ein Mitspieler eine Frucht in der Farbe der Punkte auf seinem Spielfeld, legt er sie auf dem passenden Farbpunkt ab. Zieht er eine Frucht in der Farbe seines Gegenspielers, legt er den Spielstein wieder zurück in die Tasche.

Spielende: Das Spiel ist beendet, wenn der Erste Mitspieler seinen Apfel vollständig mit Früchten gefüllt hat.

Du brauchst

- Eichelhut
- Ovalen Stein, der in den Eichelhut passt
- Dünnes Band
- Acrylstifte in Weiß, Rot und Schwarz
- Evtl. Serviettenkleber oder Klarlack zum Versiegeln
- Heißkleber

Glück bringende Fliegenpilz-Halskette

Fliegenpilze sind etwas ganz Besonderes. Sie sehen nicht nur zauberhaft aus; man sagt ihnen sogar ungeahnte Glückskräfte nach. Bastle dir diese süße Halskette und trage das Glück immer bei dir.

Kleiner Tipp

Um die Farbe vor Kratzern zu schützen, kannst du sie mit Serviettenkleber oder Klarlack versiegeln.

SO GEHT'S:

1

2

1 Grundiere den Stein mit weißer und den Eichelhut mit roter Farbe. Stecke den Hut auf den Stein und male nun ein Gesicht bzw. weiße Pünktchen auf. Verknote ein ca. 60 Zentimeter langes Band an den Enden und klebe es mit Heißkleber am Eichelhut fest.

2 Fixiere den Stein mit Heißkleber im Eichelhut und fertig ist ein ganz besonderer Glücksbringer aus der Natur, der sich auch ganz toll zum Verschenken eignet.

Du brauchst

- 1 rechteckigen Stein
- Acrylfarbe in Silber
- 1 Korken
- 1 Getränkekarton
- Chenilledraht
- Verpackungsfolie von Süßigkeiten
- Papiertrinkhalm
- Gestanzte Augen aus Papier oder Wackelaugen
- Acrylstift in Schwarz
- Permanentmarker
- Pinsel
- Messer oder Cutter
- Schere
- Heißkleber

Steinharter Trash-Robo

Hast du schon mal Steine mit Müll kombiniert und etwas daraus gebastelt? Dabei kannst du dich so richtig kreativ austoben und zum Beispiel diesen außergewöhnlichen Upcycling-Roboter erschaffen.

SO GEHT'S:

1

2

Kleiner Tipp

Verziere den Robo mit einer Schleife aus Papiertrinkhalm und befestige eine Blume aus Papierkreisen und Trinkhalm auf seinem Arm.

1 Bemale einen rechteckigen Stein mit silberner Acrylfarbe. Schnitze mit einem Messer oder Cutter zwei Arme und Füße aus einem Korken. Hole dir hierbei Hilfe von einem Erwachsenen. Schneide für den Kopf ein Stück Getränkekarton zu (verwende die silberfarbene Innenseite). Stanze die Augen aus Papier aus und drehe ein Stück Chenilledraht zu einer Spirale. Knülle ein Stück Verpackungsfolie zu einer Kugel und fixiere sie mit Heißkleber an einem Stück Chenilledraht.

2 Klebe alle Elemente des Roboters mit Heißkleber zusammen. Lass dir dabei von einem Erwachsenen helfen. Verziere den Stein mit Verpackungsfolie und male das Gesicht auf. Und fertig ist ein ganz besonderes Liebhabstück.

PARTY
LEA

Kunterbunte Partyideen

Steine eignen sich toll für eine Kinderparty. Du kannst eine außergewöhnliche Einladung daraus basteln, den Partytisch damit dekorieren oder zum Motto passende Freundschaftssteine kreieren.

Du brauchst

Grundmaterial Steine

- Verschiedene Steine (je nach Motiv)
- Acrylfarben und -stifte

Einladungskarte

- Festen Karton
- Schere
- Bastelkleber

Partydeko und Halloweenmotive

- Verschiedene Materialien zum Verzieren wie Pappreste, Chenilledraht oder glitzernde Süßigkeitenverpackung

SO GEHT'S:

Kleiner Tipp

Für die Geschenkübergabe: Nummeriere die Namenssteine auf der Rückseite. Der Gast, dessen Zahl vom Geburtstagskind genannt wird, darf sein Geschenk übergeben. So wird das Überreichen der Geschenke besonders spannend.

(St)einzigartige Einladung

Wenn erstmal die Einladung auf dem Weg ist, dauert es nicht mehr lange bis zur Party. Bastle doch mal etwas andere Einladungskarten aus Steinen und überrasche deine Freunde damit.

Es geht ganz einfach: Bemale die Vorderseite eines etwas größeren Steines mit deinem Wunschmotiv und klebe den Stein auf eine aus Karton gebastelte und mit dem Einladungstext versehene Karte.

Steine als Tischdeko

Der Partytisch sieht mit bunt bemalten Steinen besonders schön aus. Kleine Details kannst du aus bunter Pappe oder glitzernder Süßigkeitenverpackung ausschneiden und aufkleben.

Lege zum Motto passende Steine auf dem Tisch aus oder platziere Namenssteine auf den Tellern. So zeigst du deinen Gästen gleich ihren Sitzplatz. Am Ende der Party können die Gäste die Steine natürlich mit nach Hause nehmen und haben so noch eine tolle Erinnerung an den schönen Tag.

Halloween-Partyspiel

Ob große Vampire oder kleine Hexen, an Halloween darf ordentlich gefeiert werden. Mit diesem Spiel bringst du auf einer Halloween-Kinderparty so richtig Schwung in die Bude.

Spielvorbereitung: Bemale mittelgroße Steine mit Halloween-Motiven. Für Details wie Flügel oder Beine kannst du Pappreste oder Chenilledraht verwenden. Beschrifte jeden Stein auf der Rückseite mit einem Halloween-Begriff, z.B. Spinne, Vampir, Fledermaus, Spinnennetz, Halloween Kürbis, Schreckgespenst, Geisterhaus, Angsthase ...

Und so geht's: Lege die Steine mit dem Motiv nach oben auf den Tisch. Jetzt zieht der erste Spieler einen Stein und erklärt den Begriff, der sich auf der Rückseite des Steines befindet. Wurde der Begriff von der Partybande erraten, darf sich der Spieler einen kleinen Preis nehmen. Danach ist der nächste Spieler an der Reihe.

Du brauchst

- Steine in verschiedenen Größen
- Acrylfarben und -stifte
- Pinsel
- Festen Karton
- Schere
- Schaschlikspieß

Dinotastisches Legespiel

Auf diesem Dino kannst du munter bunte Muster legen. Setze selbstbemalte Steine auf die Punkte und gestalte deinen Dino, wie er dir gefällt. Du brauchst dafür nur ein Stück festen Karton, Farben und natürlich viele kleine Steine.

Kleiner Tipp

Magst du's lieber bunt? Dann bemale die Steine in unterschiedlichen Farben und Mustern.

SO GEHT'S:

1

2

1 Male einen Dino auf ein Stück Karton und zeichne die Struktur des Musters anhand von Punkten vor. Beginne in der Mitte und platziere die restlichen Punkte kreisförmig um den ersten Punkt. Je mehr Punkte du aufmalst, desto größer wird das Muster.

2 Male die Steine grün an oder verziere sie mithilfe eines Schaschlikspießes mit Punkten und schon kann der Lege-Spaß losgehen.

Du brauchst

Grundmaterial Steine

- Steine (rund und länglich)
- Acrylfarben und -stifte

Bilderrahmen

- Pappschale
- Buntes Papier
- Geschenkband
- Festen Karton
- Schere
- Heißkleber

Einzigartiges Familien-Portrait

Was gibt es Tolleres als ein selbst gebasteltes Familienporträt. Schnapp dir ein paar handgesammelte Steine und gestalte ein ganz persönliches Familienbild daraus.

SO GEHT'S:

1

2

3

1 Beklebe eine Holz- oder Pappschale (z. B. von Datteln oder Tomaten) innen mit Motivpapier und befestige am unteren Rand einen Streifen Geschenkband.

2 Achte bei der Auswahl darauf, dass die Steine in deinen Bilderrahmen passen. Grundiere die Köpfe mit cremefarbener Acrylfarbe. Verziere die einzelnen Figuren mit Acrylstiften. Damit kannst du feine Linien und Elemente am besten aufmalen. Fixiere die Steinfiguren am Schluss mit Heißkleber im Bilderrahmen.

3 Schneide ein Stück Karton (ca. 7 x 3 cm) als Halterung für den Bilderrahmen aus und befestige den Aufsteller mit Heißkleber auf der Rückseite. Fertig ist ein ganz persönliches Familienportrait.

Du brauchst

- Steine in verschiedenen Größen (je nach Motiv)
- Acrylfarben und -stifte
- Verschiedene Materialien zum Verzieren
- Evtl. Mehl
- Bastelkleber
- Evtl. Heißkleber

Winterzauber
Dekoideen für die Weihnachtszeit

Im Winter sind die Tage kurz, drinnen herrscht gähnende Langeweile. Da hilft nur eins; sich die Zeit mit Basteln zu vertreiben. Aus Steinen kannst du eine ganz besondere Weihnachtsdeko zaubern.

Glitzerndes Verpackungsmaterial, Versandkartons, Kosmetikpads, Chenilledraht oder Mini-Pompons verwandeln Steine in schicke Wintermotive. Sei kreativ: Mit frechen Schneemännern, liebenswerten Eisbären und fröhlichen Weihnachtsmotiven kannst du dir einen Hauch Winterzauber nach Hause holen.

Kleiner Tipp

Verleihe Schneemann Schorschi und Eddi Eisbär einen besonderen Look, indem du weiße Farbe mit einer Prise Mehl vermischst. Dadurch wird die Farbe dicker und bekommt nach dem Trocknen eine tolle Struktur.

Kleiner Tipp

Verziere die Steine mit Punkten (wie bei einem Würfel). Achte darauf, jeweils zwei gegenüberliegende Steinhälften mit der gleichen Augenzahl zu kennzeichnen. Ziel ist es, die Steine mit der gleichen Augenzahl zu finden und aneinander zu legen.

Du brauchst

- Steine (Anzahl je nach Länge der Schlange)
- Acrylfarben und -stifte
- Pinsel
- Moosgummi
- Schere
- Bastelkleber

Zischend-knifflige Schlange

Welcher Stein gehört wohin? Bei diesem kniffligen Spiel erweckst du die bunte Schlange Sssou zum Leben und lernst dabei Farben zu erkennen und zuzuordnen. Auf die Steine, fertig, los!

SO GEHT'S:

1

2

1 Bemale ca. sieben mittelgroße Steine in unterschiedlichen Farben. Dabei müssen jeweils zwei Steinhälften von später angrenzenden Steinen farblich zusammenpassen. Verziere die Steinhälften nach dem Trocknen mit Mustern.

2 Wähle einen passenden Stein als Kopf aus und male zwei Augen auf. Schneide aus Moosgummiresten oder Papier eine Zunge zu und befestige sie mit Kleber an der Steinunterseite. Und schon kann der bunte Domino-Spaß beginnen.

Du brauchst

- Steine in verschiedenen Größen (je nach Motiv)
- Acrylfarben und -stifte
- Moosgummi oder Papier
- Verschiedene Materialien zum Verzieren
- Bastelkleber
- Evtl. Heißkleber

Liebenswerte Glücksbringer

Glückssteine sind ein ganz besonderes Geschenk – zum Geburtstag, zu Silvester oder einfach so. Mit selbstgemalten Glücksbringern kannst du Herzensmenschen eine große Freude bereiten.

Ob Glücksschwein, Marienkäfer, Schornsteinfeger, Fliegenpilz oder Hufeisen, es gibt viele Glückssymbole, die du für Geschenksteine verwenden kannst. Sicher hast du noch weitere Ideen, wie du Steine mit etwas Farbe und Verzierung im Nu in ganz besondere Glücksbringer verwandeln kannst. Auch ein Herz aus Stein ist eine tolle Geschenkidee für Lieblingsmenschen. Man braucht nur selbst ein bisschen Glück dabei, so einen Stein zu finden. Wenn du keinen Stein in Herzform finden kannst, male einfach ein Herz auf einen runden Stein.

Kleiner Tipp

Verziere ein Glücksschweinchen mit einer 1-Cent-Münze und sorge damit für einen extra Glücks-Turbo.

Kleiner Tipp

Sortiere die Symbole auf den Steinen nach dem Alphabet. Oder suche dir den schönsten, interessantesten oder lustigsten Stein aus und erzähle, warum du dich für diesen entschieden hast.

Du brauchst

- Steine in verschiedenen Größen
- Acrylfarben und -stifte
- Permanentmarker
- Filzstifte
- Klarlack
- Verschiedene Materialien zum Verzieren
- Evtl. Bastelkleber
- Kiste oder Säckchen

Fantasievolle Steingeschichten

Geschichten zu lesen, macht Spaß. Geschichten zu erfinden, macht noch viel mehr Spaß. Werde zum Geschichtenerzähler und erfinde deine eigene Geschichte. Bunte Erzählsteine helfen dir dabei.

Jetzt heißt es erstmal Beute sammeln. Nimm beim nächsten Spaziergang eine Ladung mittelgroßer Steine mit, wasche sie und lasse sie gut trocknen.

Bemale oder beklebe die Steine mit einfachen Motiven. Dazu eignen sich Acrylfarben und -stifte, Permanentmarker, Filzstifte oder auch ausgeschnittene Bilder aus Comics oder Tattoos hervorragend. Überlege dir einfache, klare Symbole wie zum Beispiel Fahrzeuge, Tiere, Personen, Pflanzen, Bäume, Himmelskörper, Gebäude, Möbel, Spielzeug, Früchte etc. und versiegle sie anschließend mit Klarlack.

Erzähl doch mal ...

Wenn die Erzählsteine fertig sind, kommen sie in ein Säckchen und werden ordentlich gemischt. Nun ziehst du mit verschlossenen Augen fünf Erzählsteine und legst sie hintereinander auf den Tisch. Denke dir eine Geschichte aus, in der alle fünf Motive vorkommen. Wenn du Lust hast, kannst du deine Geschichte in ein Geschichtenbuch schreiben.

Danke

Was wäre ich nur ohne euch, meine drei Lieblingsmenschen. Danke, dass ihr meinen Ideen geduldig lauscht, ihr den stets wachsenden Berg an Bastelmaterial zuhause unbeirrt ertragt und mein Kreativchaos verständnisvoll aushaltet. Danke, dass es euch gibt.

Liebe Katharina, es war ein Fest, das Buch mit dir umzusetzen. Die kreative Freiheit, die ich bei der Umsetzung genießen konnte, hat das Buch zu dem gemacht, was es ist: ein Teil von mir.

Und jetzt geht noch ein großes Dankeschön an dich. Ja genau, an dich! Ich freue mich, dass mein Buch zu dir gefunden hat und wünsche dir eine kunterbunte Kreativzeit und viele schöne, gemeinsame Spielmomente mit deinen Minis.

Im Garten

Eckig, rund, länglich – Steine können so unterschiedlich sein.

Wenn du die Augen offen hältst, findest du für jedes Motiv den passenden Stein.

Im Wald

Auf dem Bauernhof

Sei kreativ und lass deiner Fantasie freien Lauf – so entstehen oft die besten Ideen für tolle Motivwelten.

Noch mehr Bastelspaß ...

Einfach nachhaltig basteln – Umweltfreundliche Kreativ-projekte für die ganze Familie

14,99 € (D) / 15,50 € (A)
ISBN 978-3-74**59-0032**-3

Was krabbelt, summt und quakt denn da?
Das Bastelbuch mit Kreativprojekten, Spielideen und Tipps für Natur- und Umweltschutz

12,99 € (D) / 13,40 € (A)
ISBN 978-3-74**59-0352**-2

Einfach basteln Kids
Lustige Kreativprojekte in maximal 5 Schritten

9,99 € (D) / 10,30 € (A)
ISBN 978-3-7459-0145-0

Meine Lieblingshelden – Das Bastelbuch
Die beliebtesten Trickfiguren und Superhelden zum Basteln und Spielen

9,99 € (D) / 10,30 € (A)
ISBN 978-3-7459-0365-2

Impressum

Bibliografische Information der Deutschen Bibliothek.
Die Deutsche Bibliothek verzeichnet diese Publikation in der Deutschen Nationalbibliografie.
Detaillierte bibliografische Daten sind im Internet über http://www.dnb.de/ abrufbar.

EIN BUCH DER EDITION MICHAEL FISCHER

1. Auflage 2021

Covergestaltung, Layout und Satz: Michaela Zander
Produktmanagement und Lektorat: Katharina Steinbach

Fotos: Simone Wunschel, außer S. 4, 60: Von Imhoff Fotografie.
Bildverzeichnis: Cover, S.1: © Cat_arch_angel/Shutterstock; S. 2, 3, 43, 60, 62 (unten), 63: © mhatzapa/Shutterstock; S. 4-8: © balabolka/Shutterstock; S. 7 (Hilfe-Symbol): © Olga_C/Shutterstock, ©Arcady/Shutterstock; S. 13, 15: © artnLera/Shutterstock; S. 17, 51: © Lemon Workshop Design/Shutterstock; S. 21: © Gun2becontinued/Shutterstock; S. 25, 27: © Alina Mosinyan/Shutterstock; S. 29: © Tatyana_Tsurkan/Shutterstock; S. 33: © GooseFrol/Shutterstock; S.37: © Astarina/Shutterstock; S. 41: © Yura Batiushyn/Shutterstock; S. 45: © artnLera/Shutterstock; S. 47: © redchocolate/Shutterstock; S. 49: © lena_nikolaeva/Shutterstock; S. 53: © zizi_mentos/Shutterstock; S. 55: © wenchiawang /Shutterstock; S. 57, 62: © Fandorina Liza/Shutterstock; S. 59: © OneyWhyStudio/Shutterstock; S. 61: © Nikolaeva/Shutterstock; Hintergrund. ©Ton Photographer 7824/Shutterstock; ©sathaporn/Shutterstock, ©Madredus/Shutterstock.

ISBN 978-3-7459-0702-5

Gedruckt bei Polygraf Print, Čapajevova 44, 08001 Prešov, Slowakei

www.emf-verlag.de